AF358846

LA
FÊTE DES CERISIERS A TOKIO

Librairie **RENÉ HATON**, 59, Boulevard Raspail, Paris.

DU MÊME AUTEUR

La Fête des Cerisiers à Tokio, scènes japonaises en un acte pour jeunes filles, avec divertissement, chants et chœurs. Musique de P. de Colroy.

Moineau d'Alsace, drame patriotique en trois actes pour jeunes gens. Épisode de la guerre de 1914-1918 en Alsace. Musique de P. de Colroy.

Le Voile de Sainte Agathe, légende dramatique en trois actes pour jeunes filles, avec divertissement, chansons et chœurs. Musique de P. de Colroy.

Une Soirée de contrat chez les Beaumouflon, comédie bouffe en un acte pour jeunes gens.

Manuel théâtral des Œuvres et des Patronages, un volume in-8° écu, illustré de 8 planches.

Manuel d'éducation physique, à l'usage des Ecoles, Œuvres, Patronages et Pensionnats, un volume in-8° écu illustré de gravures.

EN PRÉPARATION :

Le Saphir de Lady Galeywog, drame en quatre actes, avec divertissement et chants pour jeunes filles. Musique de P. de Colroy.

La Légende de Saint-Guirec, comédie bretonne en deux actes, avec divertissement, chœurs et chants pour jeunes filles. Musique de P. de Colroy.

E. GREVIN — IMPRIMERIE DE LAGNY

HENRI MORIENVA

LA FÊTE DES CERISIERS
A TOKIO

SCÈNES JAPONAISES EN UN ACTE

AVEC DIVERTISSEMENT, CHANTS ET CHŒURS

Musique de P. DE COLROY

PARIS
LIBRAIRIE RENÉ HATON
L. KLOTZ, ÉDITEUR
59, BOULEVARD RASPAIL, 59

Tous droits réservés.

A

MADEMOISELLE YVONNE DE TOULGOËT

H. M.

CONSEILS DE L'AUTEUR

POUR

LA MISE EN SCÈNE

Plantation du décor. — Le décor est très simple : les murs des pièces japonaises ne comportent aucun tableau; les parois sont en papier de teinte unie ; ou pourra cependant les garnir de kakémonos (ou fresques coloriées) : il n'y a d'autres meubles que des nattes sur le sol.

D'autre part, la japonaise se tient assise sur ses talons; c'est une pose très-fatigante, on disposera donc à droite et à gauche de la scène des rangées de coussins ou de tabourets très bas.

Il sera avantageux de peindre à fresque sur une toile de fond un paysage japonais : on s'inspirera des estampes japonaises qui, presque toutes, reproduisent les cerisiers en fleurs ou le fameux Fouzi-Yama. Pour la confection facile et peu coûteuse de ces décors, consulter le *Manuel Théâtral des OEuvres* (1).

Ce paysage ne sera vu que lorsque, à la scène V, Mme Topinambour ouvrira la fenêtre.

Costumes. — Le costume de la japonaise se compose d'une robe longue, aux manches plates, appelée *kimono*, et d'une large ceinture, de couleur différente de la robe, nouée par derrière par un nœud à grandes coques appelé *obi*.

Les étoffes du kimono sont de nuances tendres avec dessins à grands ramages, tels que des vols de cigognes au plumage d'or; elles sont très variables comme couleurs et comme dessins.

(1) Manuel théâtral des œuvres, patronages et pensionnats, par H. Morienval. (Librairie René Haton, Klotz, éditeur, 59, boulevard Raspail, Paris.)

La japonaise a le teint fardé, les yeux bridés, fendus en amande; elle se coiffe les cheveux relevés, formant des coques gommées, luisantes comme de l'ébène vernie, avec de grandes épingles plantées en éventail dans le chignon.

On devra exagérer les salutations, les révérences cérémonieuses en se prosternant jusqu'à terre, avec une exagération d'obséquiosité.

Explication des différents termes japonais :

Geisha, musicienne.
Maïko, danseuse.
Kuruma, voiture légère à deux roues.
Kurumaya, coureur qui traîne la kuruma.
Amado, fenêtre.
Koto, instrument à cordes.
Shamisen, guitare à long manche.
Soba, macaroni avec poisson et algues.
Tzudzumi, tambourin.
Saké, eau-de-vie de riz légèrement alcoolisée.

ANALYSE DE LA PIÈCE

C'est le jour où tous les ateliers de fleuristes de Tokio doivent choisir la Reine des Cerisiers.

Dans l'atelier de Mme Nèfle, toutes les jeunes filles sont joyeuses; on espère beaucoup que la jeune « Rayon de Miel », la plus jolie de l'atelier, sera l'heureuse élue.

Une de ses compagnes, Mlle Volubilis, jalouse de son succès, complote de lui gâter son bonheur, en lui annonçant la perte du vaisseau amiral, le « Yamané », en guerre avec la Russie, et sur lequel son fiancé Anatako sert en qualité de quartier-maître.

Mais, au moment où la jeune « Rayon de Miel », encore émue d'avoir été choisie comme Reine des Cerisiers, apprend la soi-disant catastrophe, le canon tonne et l'escadre nipponne au grand complet rentre victorieuse dans le port de Tokio.

Allégresse générale.

PERSONNAGES

<table>
<tr><td>Mlles RAYON DE MIEL
PERCE-NEIGE
VOLUBILIS
CAMÉLIA</td><td>ouvrières fleuristes.</td></tr>
<tr><td>Mmes NÈFLE
ÉGLANTINE
TOPINAMBOUR</td><td>maîtresses d'atelier.</td></tr>
</table>

Fleuristes, maîtresses d'atelier, danseuses.

———

La scène se passe, de nos jours, dans un atelier de fleuristes, à Tokio.

———

La partition musicale complète avec accompagnement de piano, par P. de Colroy, est en vente à Librairie René Haton, 59, boulevard Raspail, Paris.

LA
FÊTE DES CERISIERS A TOKIO

La scène représente un atelier de fleuristes au Japon.
Grande pièce nue sans meubles. Les murs sont tapissés de
kakémonos aux couleurs voyantes Un panneau, glissant sur
rainures, laisse apercevoir un paysage japonais, des cerisiers
en fleurs et au fond, l'imposante masse du Fouzi-Yama avec
son sommet couvert de neige

Ce panneau occupe la partie gauche de la toile de fond.
Une porte à deux battants occupe la partie droite. Une autre
porte au deuxième plan à droite.

A gauche, l'autel des ancêtres, constitué par un bouddah
doré sur une petite étagère.

A droite, une rangée de coussins.

Au lever du rideau, Anémone, une des fleuristes, est occupée à
épousseter l'autel des ancêtres.

Entre Volubilis.

SCÈNE PREMIÈRE

ANÉMONE, VOLUBILIS

VOLUBILIS

Bonjour, mignonne : déjà à l'ouvrage? Nous nous
sommes couchées bien tard hier soir.

ANÉMONE

Oh ! oui, il fallait finir toutes les commandes et madame Nèfle ne plaisante pas sur ce sujet.

VOLUBILIS

Tu as déjà préparé l'atelier pour la réception qui aura lieu dans la journée.

ANÉMONE

Il le faut bien. On a congé aujourd'hui. C'est la fête des cerisiers, et toutes les camarades vont étrenner des kimonos ravissants. On dit que Rayon de Miel sera éblouissante.

VOLUBILIS

Oui, elle est persuadée qu'elle sera élue ; mais moi, j'en doute fort. Perce-Neige est bien plus jolie.

ANÉMONE

Crois-tu ? Mais Rayon de Miel est un vrai rossignol et le charme de sa voix est connu dans tous les ateliers. Tu verras qu'elle sera choisie pour reine.

VOLUBILIS

Ce n'est pas mon avis. Je venais chercher mon shamisen pour revoir l'accompagnement de la chanson du « Ver luisant », que nous avons répétée hier avec Camélia. Tu ne l'as pas vu ?

ANÉMONE

Ton shamisen ? Il est dans la pièce à côté.

VOLUBILIS, *confidentiellement.*

Je ne te cache pas que je ne puis souffrir Rayon de Miel. Elle fait la mijaurée parce que son fiancé est sur les bateaux de l'État et je ne puis souffrir surtout son caractère plein d'orgueil et de fiel. Oh! si je pouvais trouver un moyen de favoriser Perce-Neige qui est bien plus gentille?

ANÉMONE, *montrant l'autel des ancêtres.*

Si nous brûlions des amulettes devant le Dragon aux trois yeux verts en lui demandant le succès de Perce-Neige?

VOLUBILIS, *bas.*

Non, rassure-toi, j'ai un talisman plus certain; mais garde-moi le secret. Je vais prendre mon shamisen. (*Elle sort par la droite.*)

SCÈNE II

ANÉMONE, MADAME NÈFLE

MADAME NÈFLE, *entrant par le fond. Anémone se prosterne à terre pour la saluer.*

Eh bien! Anémone, as-tu préparé ta toilette pour ce beau jour? Le brouillard du Fouzi vient de se

dissiper. La matinée s'annonce radieuse et, bien que
le soleil d'avril soit encore un peu pâle, les fleurs
s'épanouissent en beauté.

ANÉMONE

Oh ! madame Nèfle, que vous êtes donc aimable ce
matin !

MADAME NÈFLE

Oui, j'ai le cœur en joie.

ANÉMONE

C'est parce que notre atelier sera choisi entre
tous ?

MADAME NÈFLE

Peut-être bien. Mais cette belle nature me trans-
porte ; on croirait que j'ai déjà bu plusieurs coupes
de saké ; aussi, cet après-midi, quand nous irons
dîner sur l'herbe, j'oublierai tous mes chagrins de
l'année.

ANÉMONE

Vous nous offrez à dîner ?

MADAME NÈFLE

Oui, si la reine est de l'atelier, je vous emmène
toutes à Miako : on ira voir les danses sacrées : et
veux-tu savoir le menu que je commanderai ?

ANÉMONE

Mais oui, je veux, honorable maîtresse.

MADAME NÈFLE

Eh bien, voilà : pour commencer, il y aura du soba, des filets de saumon grillé, des bols de riz et des pêches au saki. Que dis-tu de cela ?

ANÉMONE

Ce sera délicieux.

MADAME NÈFLE

Puis on jouera au volant et on prendra des kurumas pour rentrer.

ANÉMONE

Ce sera la grande fête. Pourvu que nous soyons victorieuses ?

MADAME NÈFLE

La fête serait plus belle encore si l'on apprenait la victoire de notre escadre.

ANÉMONE

On prévoit donc une rencontre imminente ?

MADAME NÈFLE

Décidément, ma fille, tu n'es au courant de rien, et tout ce qui se passe n'a pas l'air de t'intéresser beaucoup. Tu ne sais donc pas que, depuis deux jours, notre escadre a rencontré les Russes près de l'île Yéso, et que l'on attend incessamment le résultat de leur rencontre. Pense donc à notre joie si notre cher Japon remporte la victoire!

ANÉMONE

Il n'est pas possible que le Japon soit battu.

MADAME NÈFLE

Je le pense aussi. Allons nous faire belles. (*Elles sortent par la droite.*)

SCÈNE III

RAYON DE MIEL, PERCE-NEIGE, CAMÉLIA
Elles entrent par la porte du fond.

PERCE-NEIGE

Voyons, tourne-toi, Rayon de Miel, que je voie ton obi. Oh ! mais il est fort joli et fait bien valoir ton kimono.

RAYON DE MIEL

Oui, il n'est pas mal.

CAMÉLIA

Tu vas être très admirée tout à l'heure.

RAYON DE MIEL

Que me feront les hommages des autres si je n'ai pas ceux que je souhaiterais. Les hommes sont tous pareils, ils font des compliments, mais ils n'en pensent pas un mot. Pour moi, il n'y en a qu'un qui compte.

CAMÉLIA

As-tu reçu des nouvelles depuis quelques jours?

RAYON DE MIEL

Hélas! non. Je ressens en ce moment une impression de tristesse que je ne peux combattre. Il me semble que je suis abandonnée de tout le monde : pourvu que mes pressentiments ne se réalisent pas!

CAMÉLIA

Mais, voyons, il ne faut pas te tracasser comme cela. Tu te rends malade pour des chimères. L'atelier de madame Nèfle va certainement avoir le prix. Si ce n'est pas toi, ce sera Perce-Neige. Puisque tout est en fête aujourd'hui, il ne faut penser qu'à nous réjouir.

PERCE-NEIGE

Tais-toi, Camélia, ne souhaite pas mon succès. Quand on vit ensemble comme nous vivons toutes ici depuis cinq ans, est-il admissible qu'on puisse se jalouser? Rayon de Miel a tout pour être reine. Je souhaite donc son succès.

RAYON DE MIEL

Que tu es gentille!

PERCE-NEIGE

A force de fabriquer nos jolies fleurs, cela nous

met le printemps dans l'âme, toutes les petites rivalités qui existent dans d'autres ateliers s'effacent dans les nôtres; aussi, vois-tu, c'est bien sincèrement et du fond du cœur que, tout à l'heure, quand on te proclamera élue, je crierai : « Gloire à Rayon de Miel, la reine des fleuristes de Tokio! »

RAYON DE MIEL

Comme tu es bonne, Perce-Neige!

PERCE-NEIGE

Tu sais que notre amitié date du jour où je me suis blessée en courant dans le jardin de madame Renoncule; tu as été si bonne ce jour-là et les jours suivants : te rappelles-tu? j'avais douze ans.

RAYON DE MIEL

Oh! oui, je me le rappelle : tu avais un trou au front : tu étais couverte de sang.

PERCE-NEIGE

C'est bon de se rappeler tous ces souvenirs qui nous ont fait si bonnes amies. Mais, à propos, que suis-je donc venue chercher ici? Ah! mes grandes épingles! (*Elle cherche de tous côtés.*) Je ne les vois plus.

CAMÉLIA

Anémone a fait ce matin l'atelier. On ne retrouve plus rien.

PERCE-NEIGE.

Viens avec moi, Camélia, nous allons chercher à côté. (*Elles sortent.*)

SCÈNE IV

RAYON DE MIEL

RAYON DE MIEL *se dirige vers l'autel des ancêtres, elle se prosterne jusqu'à terre.*

Dragon aux trois yeux verts, protège mon fiancé : tu le reconnaîtras bien, il a un béret bleu et la manche gauche de sa veste est un peu déchirée. Sa bouche est vermeille et son cœur est si bon. Protège-le, mon bon dragon vert. Ramène-le-moi... dis-lui que sa pensée ne me quitte pas et que je conserve toujours la fleur qu'il m'a donnée... S'il meurt, mon bon Dragon vert, je mourrai aussi, mais je mourrai heureuse, ayant eu la plus grande joie de ma vie, celle de l'avoir connu... Protège-le, mon bon Dragon vert. (*Elle décroche un koto et vient sur le devant de la scène. Elle chante.*)

> Sur la mer incertaine
> Mon fiancé partit.
> Sous son béret de laine
> Longtemps il me sourit.

> Sur le bateau qui fuit
> Suivant le long sillage,
> Mes yeux jusqu'à la nuit
> Poursuivent son image.
>
> Mais quand il reviendra
> Environné de gloire,
> Tout mon cœur chantera
> Un hymne à la victoire.

SCÈNE V

RAYON DE MIEL, PERCE-NEIGE, CAMÉLIA, *puis* MADAME TOPINAMBOUR

PERCE-NEIGE

Voilà, j'ai retrouvé mes épingles; regarde, Rayon de Miel, comme elles sont jolies.

CAMÉLIA

J'en ai cherché de semblables et je n'en ai jamais trouvé. Où les as-tu achetées?

PERCE-NEIGE

Chez Yamitsu, près du port.

CAMÉLIA

Oui, à côté du Consulat de France.

RAYON DE MIEL

Il avait, l'année dernière, des lotus montés sur écaille qui étaient ravissants.

MADAME TOPINAMBOUR, *entrant. Elle parle avec volubilité.*

Eh! quoi, mes enfants, vous restez enfermées par ce beau temps? Ouvrez donc l'amado. (*Elle ouvre le panneau qui glisse dans ses rainures. On aperçoit un jardin fleuri et au loin le Fouzi-Yama.*) Voyez notre beau Fouzi! Est-il superbe, ce matin? Les cerisiers lui font une bordure mauve.

PERCE-NEIGE

Mais vous paraissez bien gaie, madame Topinambour?

MADAME TOPINAMBOUR

Oh! mes gentils petits agneaux, ça vous étonne de me voir ainsi; ce n'est pas mon habitude; depuis la mort de mon pauvre Siogama, je n'ai pas eu la vie gaie... Mais, aujourd'hui, la ville est bourdonnante comme un essaim de guêpes, on entend la musique dans toutes les maisons et, sur les chemins fleuris, il y a un grand châle blanc; on croirait marcher sur la neige.

RAYON DE MIEL

Pour que vous soyez si poétique, on a dû vous offrir des coupes de saké sur la route.

MADAME TOPINAMBOUR

Oh! deux seulement; moi qui n'en bois pas deux

en un an... je crois que cela m'a un peu grisée : mais aussi pourquoi étaient-ils si polis, si engageants?

PERCE-NEIGE

Eh! eh! c'était peut-être des candidats à votre main ?

MADAME TOPINAMBOUR

Oh! la vilaine petite peste! se moquer ainsi d'une vieille femme comme moi... C'est vrai tout de même que j'aurais dû refuser la seconde coupe... moi qui ne bois que de l'eau!... Je sens mon cerveau qui bouillonne et cependant j'ai les jambes coupées...

RAYON DE MIEL

Maman Topinambour, il faut aller vous coucher.

MADAME TOPINAMBOUR

Y penses-tu? C'est un petit grain qui va passer. Me coucher? Le Dragon vert viendrait me tirer par les pieds!

SCÈNE VI

Les Mêmes, MADAME NÈFLE

MADAME NÈFLE, *entrant.*

Mes enfants, voici la rue qui s'anime, le cortège

ne doit plus être loin : dès qu'il arrivera, on groupera les chanteuses et les musiciennes dans le jardin. (*S'adressant à Camélia.*) Toi, Camélia, je te demanderai de régler la place de chacun pour la réception du cortège qui se fera dans cette pièce. Nous, nous nous placerons de ce côté. (*Elle indique le côté droit du théâtre.*) Les maîtresses d'atelier se grouperont en face de nous et laisseront la place libre pour les danseuses. Dès que la reine sera proclamée, — j'ose espérer que ce sera Rayon de Miel, — la reine chantera la chanson nationale des Cerisiers, puis les mimes danseront le pas de la Coupe ; puis le cortège se reformera et nous irons accompagner la reine à la Pagode du Cheval de Jade. Tu as bien compris, ma mignonne ? Allez vous apprêter, mes enfants. (*Toutes sortent.*)

SCÈNE VII

MADAME NÈFLE, MADAME TOPINAMBOUR

MADAME NÈFLE, *s'adressant à madame Topinambour qui est affalée dans son coin.*

Eh bien ! madame Topinambour, vous ne dites rien ?

MADAME TOPINAMBOUR, *qui semble se réveiller.*

C'était certainement un poète!... Il m'a appelé
« Douce Geisha! » Veux-tu boire dans ma coupe ?
Tu boiras l'oubli...

MADAME NÈFLE

Mais qui vous a parlé ainsi ?

MADAME TOPINAMBOUR

Un galant cavalier, ma chère.

MADAME NÈFLE

Mais, malheureuse, je comprends de moins en
moins; que vous est-il arrivé?

MADAME TOPINAMBOUR

Non... non... si, c'est un poète, je ne veux pas
l'épouser... ils finissent tous à l'hôpital...

MADAME NÈFLE

Par Sousano, elle est folle!

MADAME TOPINAMBOUR

J'aurai un château... j'aurai des bois bleus... j'aurai un lac noir...

MADAME NÈFLE, *à part.*

Décidément je l'emmène. (*Haut.*) Allons, venez,

venez, je vais vous donner tout cela. (*A part.*) Je vais la mettre sous clé. (*Elles sortent toutes les deux par la droite.*)

SCÈNE VIII

ANÉMONE, *puis le cortège.*

ANÉMONE, *entrant par le fond, se précipite à la fenêtre.*

Il me semble entendre des chants dans le bas de la rue. Eh! mais, c'est le cortège! (*Elle court à la porte du fond, l'ouvre toute grande et appelle ses camarades d'atelier.*) Vite, vite, accourez, prévenez madame Nèfle! Et Camélia? Ah! je la vois là-bas qui cause! Oh! la bavarde! Camélia! Camélia! (*Entrent toutes les fleuristes de l'atelier Nèfle; sous la direction de Camélia, elles se placent sur le côté droit de la scène. Entre madame Nèfle.*)

MADAME NÈFLE, *à part.*

Je crois bien que la mère Topinambour a un rude plumet! (*Haut.*) Placez-vous, mes enfants. (*Elles se mettent toutes à genoux, madame Nèfle un peu en avant d'elles.*)

A ce moment, on entend dans le jardin accor-
der des guitares et une voix qui chante :

Sur le vieux pont de Tokio
Passe en vainqueur le Daïmio.
La ville est en fête et l'acclame,
Un peuple enfiévré le réclame.

*A la fin de cette strophe, entrent les maîtresses des
ateliers. Elles se placent sur le côté gauche du
théâtre et elles portent dans la main droite
une branche de cerisier fleuri.*
*Pendant leur entrée, les fleuristes de madame
Nèfle chantent le refrain ci-après :*

Nuit japonaise bleue et or
Répandez, répandez encor
Sur l'eau berceuse et parfumée
Des cerisiers la fleur aimée.

Après ce refrain, la voix, dans le jardin reprend :

Vêtues d'un clair et fin crépon
Tissé d'or au pays nippon,
S'avancent les frêles mousmées,
Du Japon légères almées.

*A la fin de cette strophe, entrent les geishas qui
prennent place dans le fond du théâtre.*
*Pendant leur entrée, les fleuristes de madame
Nèfle reprennent le refrain :*

Nuit japonaise bleue et or
Répandez, répandez encor
Sur l'eau berceuse et parfumée
Des cerisiers la fleur aimée.

*Madame Églantine, une des maîtresses d'atelier,
portant une branche de cerisier, se détache du*

groupe et vient sur le devant de la scène l'of-
frir à Rayon de Miel qui, à l'annonce de son
nom, est venue se prosterner devant elle.
En lui offrant la branche, madame Églantine
chante le couplet suivant :

Reine de ce jour solennel
Reçois de nous, Rayon de Miel,
Cette branche aujourd'hui fleurie
Pour fêter notre sœur chérie.

Rayon de Miel prend la branche et reste proster-
née pendant que les fleuristes de madame
Nèfle reprennent, pour la troisième fois, le
refrain :

Nuit japonaise bleue et or
Répandez, répandez encor
Sur l'eau berceuse et parfumée
Des cerisiers la fleur aimée.

A la fin de cette strophe, toutes les maîtresses
d'atelier, les geishas, les fleuristes entourent
Rayon de Miel en criant :

Gloire à Rayon de Miel, la reine des fleuristes de
Tokio!

MADAME NÈFLE *s'avance alors vers Rayon de Miel, la*
relève et dit.

A vos places, tout le monde. (*Chacun reprend sa*
place et s'asseoit.) Pour nous conformer aux anciennes
et vieilles coutumes du Japon, Rayon de Miel, l'heu-

reuse élue, va chanter la chanson nationale des Cerisiers. (*Les musiciennes accordent leurs instruments et
Rayon de Miel, sur le devant de la scène, chante.*)

LA CHANSON DES CERISIERS

1

Fêtons les fleurs à peine écloses
Sur les rameaux des cerisiers,
Leurs corolles blanches et roses
Sont bien dignes de nos paniers.

Toutes, geishas et fleuristes, chantent le refrain :

Emplissons gaiement nos corbeilles
De ces frais boutons argentés
Dont le suc grise les abeilles
Aux premiers feux de nos étés.

RAYON DE MIEL *reprend.*

2

Dans le nœud sombre de nos tresses
Glissant leurs pétales nacrés,
Nous aurons mines de déesses
Dont les empires sont les prés.

LE CHŒUR *reprend le refrain.*

Emplissons nos corbeilles, etc.

RAYON DE MIEL *chante.*

3

Partout dans notre île divine
Les cerisiers ont mis leurs fleurs,

Mais par leur peau ambrée et fine
Les mousmées en sont bien les sœurs.

Emplissons nos corbeilles, etc.

LE BALLET DU SAKÉ

Nota. — Le ballet japonais tient plutôt de la pantomime que de la danse. Les danseuses (maïkos) sont vêtues de longues robes à ramages et broderies d'or. Elles marchent lentement à pas comptés, se font des mines, des révérences en agitant les bras.

Le *pas du Saké* doit reproduire le grave cérémonial avec lequel les Japonais croient indispensable de verser et d'offrir leur liqueur favorite, dite *Saké*, qui n'est en réalité que de l'eau-de-vie de riz légèrement alcoolisée.

Il comporte quatre danseuses : l'une portant un vase de bronze rempli d'eau chaude; l'autre un plateau supportant des coupes dans le genre de nos coupes à champagne; une troisième porte l'amphore contenant l'honorable Saké et la quatrième offre la coupe avec force révérences.

Le quadrille s'avance vers la personne qu'il veut honorer, la danseuse prend sur le plateau une tasse, la plonge dans le vase de bronze pour la laver; elle verse le Saké et l'offre à la personne qui y trempe ses lèvres et rend la coupe à moitié pleine; la danseuse fait mine de vider la tasse.

Toute cette pantomime est accompagnée de révérences On offre ainsi le Saké aux principales personnes de la société.

Pendant l'exécution de la pantomime, les geishas (musiciennes) chantent ou accompagnent le chant sur des guitares (kotos ou shamisen), des tambourins (tsudzumi) ou des flûtes.

Les couplets du Saké seront chantés par Camélia et le refrain sera repris en chœur par les fleuristes.

COUPLETS DU SAKÉ

1

Dans la coupe rose
Le Saké bouillant
Enivre et repose
Le cœur défaillant.

2

Sa liqueur divine
Incite aux combats
De notre marine
Tous les fiers soldats.

Refrain.

O saké limpide
Viens mouiller encor
Notre lèvre avide
Du breuvage d'or.

Après le ballet, le cortège se reforme pour le départ ; les danseuses d'abord se retirent, puis les maîtresses d'atelier ; en partant elles acclament Rayon de Miel qui s'est prosternée à terre ainsi que madame Nèfle et ses fleuristes.

Dès que le cortège a disparu, madame Nèfle et les ouvrières se relèvent.

SCÈNE IX

MADAME NÈFLE ET SES FLEURISTES

MADAME NÈFLE

Mes enfants, il est inutile de vous dire ma joie ; vous la partagez, je le sais ; mais la fête n'est pas finie : nous allons aller dîner à Miako. Je vous emmène toutes ; allez vous préparer. (*Toutes les ouvrières sortent ; Rayon de Miel reste la dernière. Elle va poser sa branche de cerisier sur l'autel des ancêtres ;*

elle se prosterne et pleure. Entre Volubilis, suivie d'Anémone.)

VOLUBILIS

Eh ! quoi, chérie, tu pleures ?

ANÉMONE

Pourquoi tes jolis yeux sont-ils mouillés de larmes ?

VOLUBILIS

Tu as appris une mauvaise nouvelle au sujet du « Yamané » ?

ANÉMONE

Oui, j'ai entendu qu'on en parlait il y a un instant.

RAYON DE MIEL, *très émue.*

On a parlé du « Yamané? » Dites-moi vite ce que l'on disait?

ANÉMONE

Je ne suis pas certaine d'avoir bien entendu. Demande plutôt à Volubilis.

RAYON DE MIEL, *à Volubilis.*

Vite, dis-moi?

VOLUBILIS

Les gens n'étaient pas d'accord, comme toujours en pareil cas.

RAYON DE MIEL

Mais encore...

VOLUBILIS

Les uns disaient qu'il avait coulé corps et biens, mais les autres affirmaient que la torpille russe l'avait endommagé sérieusement et qu'on essayait de lui porter secours.

RAYON DE MIEL, *au comble de l'inquiétude.*

Êtes-vous certaine? C'était bien du « Yamané » dont on parlait? Vous savez que c'était le vaisseau amiral?

VOLUBILIS

Oui, c'est bien ce nom-là, je ne crois pas me tromper. Mais que vois-je? tu pâlis? Qu'y a-t-il ? (*Rayon de Miel se prosterne en sanglotant. Volubilis et Anémone se retirent vivement.*)

SCÈNE X

RAYON DE MIEL, CAMÉLIA

CAMÉLIA *entre en courant.*

Rayon de Miel, où es-tu? (*Elle la voit effondrée.*)

Mais qu'est-il arrivé? Tu pleures? (*On entend un coup
de canon lointain.*) Entends-tu le canon?

RAYON DE MIEL

Mais quoi? Qu'y a-t-il?

CAMÉLIA

Ecoute-moi, mignonne : tes beaux yeux vont
sécher leurs larmes. C'est la victoire! On signale
l'escadre qui se prépare à entrer dans la baie!

RAYON DE MIEL

Oui, je le sais : mon cœur de nipponne est joyeux,
ma patrie a la victoire ; mais, moi, je l'ai payée de
mon bonheur.

CAMÉLIA

Que dis-tu?

RAYON DE MIEL

Le « Yamané » est considéré comme perdu. Il a
coulé dès le début de la rencontre.

CAMÉLIA

Mais qui t'a raconté ces mensonges?

RAYON DE MIEL

Volubilis et Anémone! Oh! je veux en avoir le

cœur net : je vais descendre jusqu'au port. (*Elle sort en courant.*)

SCÈNE XI

CAMÉLIA, MADAME NÈFLE

MADAME NÈFLE, *entrant.*

Me voilà prête, mes enfants, partons. Mais où sont-elles toutes? Tu es seule, Camélia?

CAMÉLIA

Oui, madame Nèfle. Mes camarades vont arriver, elles sont allées chercher des lanternes pour fêter la victoire.

MADAME NÈFLE

Mais je ne vois pas Rayon de Miel?

CAMÉLIA

Oh! la pauvre! On a eu la méchanceté de lui dire que le « Yamané » avait coulé, elle est comme folle et elle a voulu descendre jusqu'au port pour savoir la vérité.

SCÈNE XII

Les Mêmes, PERCE-NEIGE, ANÉMONE, VOLUBILIS *et les autres fleuristes. Elles ont toutes une lanterne au bout d'un bâton ; elles entourent madame Nèfle et parlent toutes à la fois.*

— Vous savez, c'est la Victoire.

— Il vous faut une lanterne.

— La rue est pleine de monde.

— Eh bien! partons.

— Nous sommes prêtes. (*A partir de ce moment le canon se fait entendre toutes les deux minutes.*)

PERCE-NEIGE

Mais je ne vois pas Rayon de Miel. Où donc est-elle?

MADAME NÈFLE

Mes enfants, notre pauvre petite Rayon de Miel est affolée; elle est allée aux nouvelles; elle croit son fiancé mort : nous ne pouvons pas partir sans elle.

TOUTES, *en chœur.*

— Non, non, vous avez raison.

— Attendons-la.

— Mais que faire ?

PERCE-NEIGE

Si Camélia voulait nous chanter le « Ver luisant » !

TOUTES, *en chœur.*

Oui... oui... adopté !

CAMÉLIA

Puisque vous me le demandez si gentiment, je le veux bien. Mais je demande que Volubilis m'accompagne sur son shamisen. Veux-tu, Volubilis ?

VOLUBILIS

Oui, je vais prendre mon instrument. (*Toutes s'assoient sur des coussins pendant que Camélia chante accompagnée par Volubilis.*)

CHANSON DU « VER LUISANT »

1

Gentil vert luisant
Sur ma main te pose,
Petit point d'argent
En mon sein repose.

2

De tes feux discrets
Embellis les roses
Et de tes reflets
Pare toutes choses.

3

Gai petit miroir
Dans le jardin sombre,
Présage l'espoir
En brillant dans l'ombre.

SCÈNE XIII

*Rayon de Miel est entrée à la fin de la dernière strophe ;
elle est radieuse ; elle se dirige vers madame Nèfle.*

RAYON DE MIEL

Oh! chère patronne, laissez-moi remercier les
dieux qui ont protégé mon fiancé. (*Elle se prosterne
devant l'autel des ancêtres.*) Merci, mon bon Dragon
aux trois yeux verts. Mon fiancé revient. Une
méchante fille avait voulu me faire un gros chagrin.
Je viens d'apprendre que tout ce qu'elle m'a dit
était inventé par son mauvais génie ; mais je suis si
heureuse que je lui pardonne volontiers. Merci, mon
bon Dragon. (*Elle se relève et prend une lanterne des
mains d'une de ses compagnes.*) Maintenant, tout à
la joie. En route pour Miako! (*Elle mesure le
refrain de la Chanson des Cerisiers, que toutes reprennent en chœur en sortant.*)

RIDEAU

E. GRÉVIN — IMPRIMERIE DE LAGNY